GIFアニメも収録！

子どもがワクワク喜ぶ！
小学校 教室グッズ＆テンプレート

イクタケ マコト 著

DVD-ROM 付

カラー・モノクロ
両収録！
Windows対応

学陽書房

この本の使い方

小学校の先生が使いやすいテンプレート集です。
そのままコピーしたり、付属のDVD-ROMを使用したりして、ご活用ください。
DVD-ROMデータについては、P.89～91の「DVD-ROMを使用する前に」をご覧ください。

テンプレート

「時間割」や「座席表」「賞状」などといった学級経営に欠かせないテンプレートのほか、授業づくりや学級活動を盛り上げるものなどを収録しています。各教科の授業や行事などさまざまな場面でご活用ください。

素材

壁面かざりや日々のおたより、プリントなどに活用できる「イラスト」や「オリジナルフォント」などを収録しています。また、各章のとびらのイラストも付属のDVD-ROMに収録しています。学校行事や研究会のしおりの表紙などにご活用ください。

GIFアニメーション

複数のフレームを順に表示できるGIFアニメーションを収録しています。Microsoft Office PowerPointや電子黒板などでご活用ください。

● ファイル形式について

本書に掲載しているテンプレートや素材はPNGデータ(.png形式)で収録されています。また、B章とF章の一部にはWordデータ(.doc形式)、E章にはGIFアニメーションデータ(.gif形式)も収録されています。Wordデータは文字の入力ができますので、ご活用ください。【右ページ参照】

● カラーについて

付属DVD-ROM内のPNGデータには、すべてカラー版とモノクロ版があります。カラー版はファイル名の末尾に「c」が、モノクロ版はファイル名の末尾に「m」が付いています。また、Wordデータにもカラー版とモノクロ版があります(ファイル名の末尾はカラー版が「wc」、モノクロ版が「wm」です)。

この本の見方

章・項目名
章とその項目の名前を記載しています。

フォルダの場所
このページに掲載しているテンプレートまたは素材が付属DVD-ROM内のどのフォルダに収録されているかを示しています。

ファイル名
このナンバーが付属DVD-ROMに入っているファイル名です。

Wordデータ表示
Wordデータがある場合、収録されていることを示しています。

- この本の使い方 ……………………… 2
- DVD-ROMを使用する前に ………… 89
- DVD-ROMの開き方 ………………… 92
- データの活用法 ……………………… 94

A 壁面かざり … 5
1. 人物 … 6
2. 行事 … 7
3. 学校生活 … 8
4. 文字 … 9
5. 季節・自然 … 10
6. その他 … 12

B 教室掲示物 … 13
1. 座席表 … 14
2. 時間割 … 16
3. めあて・目標 … 18
4. 日直 … 19
5. 当番表 … 20
6. スケジュール表 … 22
7. クラス年表 … 24
8. ポスター … 26
9. 誕生日表 … 28

C 教室グッズ&カード … 29
1. お知らせカード … 30
2. 休んだ子への連絡カード … 31
3. ネームカード … 32
4. 自己紹介カード … 34
5. ありがとうカード … 35
6. ほめるカード … 36
7. めでたいカード … 37
8. 便箋 … 38

D 授業グッズ&カード … 41
1. 読書カード … 42
2. 音読カード … 43
3. 俳句カード … 44
4. 日本地図 … 45
5. 世界地図 … 48
6. 九九カード&チャレンジカード … 50
7. アルファベット表 … 52
8. ローマ字表 … 53
9. 英語あいさつポスター … 54
10. 英語の誕生日カード … 56
11. 発表カード … 58
12. 観察カード … 59
13. 体育カード … 60

E GIFアニメ素材 … 61
1. 動くアイコン … 62
2. 人物 … 64
3. 学校 … 67
4. その他 … 70

F 学級あそびグッズ … 71
1. イベント&MCグッズ … 72
2. 〇×&YES・NOカード … 74
3. ビンゴ&かるた … 76
4. カウントダウンカレンダー … 77
5. メダル … 78
6. 賞状 … 80
7. フォトフレーム … 84
8. メッセージカード … 86

壁面かざり

クラスがみるみる華やかに！

壁面かざり ▶▶ A-0-001

A 壁面かざり

クラスがみるみる華やかに！

１ 人物

人物①
▶ A-1-001

人物②
▶ A-1-002

人物③
▶ A-1-003

人物④
▶ A-1-004

人物⑤
▶ A-1-005

人物⑥
▶ A-1-006

人物⑦
▶ A-1-007

人物⑧
▶ A-1-008

人物⑨
▶ A-1-009

人物⑩
▶ A-1-010

人物⑪
▶ A-1-011

人物⑫
▶ A-1-012

人物⑬
▶ A-1-013

人物⑭
▶ A-1-014

人物⑮
▶ A-1-015

人物⑯
▶ A-1-016

人物⑰
▶ A-1-017

人物⑱
▶ A-1-018

A-1-019～A-1-023の手をつなげると仲よしに！

人物⑲
▶ A-1-019

人物⑳
▶ A-1-020

人物㉑
▶ A-1-021

人物㉒
▶ A-1-022

人物㉓
▶ A-1-023

人物㉔
▶ A-1-024

人物㉕
▶ A-1-025

人物㉖
▶ A-1-026

人物㉗
▶ A-1-027

人物㉘
▶ A-1-028

人物㉙
▶ A-1-029

人物㉚
▶ A-1-030

A → カラー color / モノクロ mono → 2

❷ 行事

A 壁面かざり
クラスがみるみる華やかに！

壁面かざり ① 人物 ② 行事

 行事① ▶ A-2-001
 行事② ▶ A-2-002
 行事③ ▶ A-2-003
 行事④ ▶ A-2-004
 行事⑤ ▶ A-2-005
 行事⑥ ▶ A-2-006

 行事⑦ ▶ A-2-007
 行事⑧ ▶ A-2-008
 行事⑨ ▶ A-2-009
 行事⑩ ▶ A-2-010
 行事⑪ ▶ A-2-011
 行事⑫ ▶ A-2-012

 行事⑬ ▶ A-2-013
 行事⑭ ▶ A-2-014
 行事⑮ ▶ A-2-015
 行事⑯ ▶ A-2-016
 行事⑰ ▶ A-2-017
 行事⑱ ▶ A-2-018

 行事⑲ ▶ A-2-019
 行事⑳ ▶ A-2-020
 行事㉑ ▶ A-2-021
 行事㉒ ▶ A-2-022
 行事㉓ ▶ A-2-023

A 壁面かざり
クラスがみるみる華やかに！

③ 学校生活

学校生活①
▶ A-3-001

カラー版は他に4色！

学校生活②
▶ A-3-002

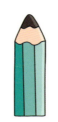
学校生活③
▶ A-3-003

学校生活④
▶ A-3-004

学校生活⑤
▶ A-3-005

学校生活⑥
▶ A-3-006

学校生活⑦
▶ A-3-007

学校生活⑧
▶ A-3-008

学校生活⑨
▶ A-3-009

学校生活⑩
▶ A-3-010

学校生活⑪
▶ A-3-011

学校生活⑫
▶ A-3-012

学校生活⑬
▶ A-3-013

学校生活⑭
▶ A-3-014

学校生活⑮
▶ A-3-015

学校生活⑯
▶ A-3-016

学校生活⑰
▶ A-3-017

学校生活⑱
▶ A-3-018

学校生活⑲
▶ A-3-019

学校生活⑳
▶ A-3-020

学校生活㉑
▶ A-3-021

学校生活㉒
▶ A-3-022

学校生活㉓
▶ A-3-023

学校生活㉔
▶ A-3-024

学校生活㉕
▶ A-3-025

学校生活㉖
▶ A-3-026

学校生活㉗
▶ A-3-027

❹ 文字

A 壁面かざり
クラスがみるみる華やかに！

文字① ▶ A-4-001

文字② ▶ A-4-002

文字③ ▶ A-4-003

文字④ ▶ A-4-004

文字⑤ ▶ A-4-005

文字⑥ ▶ A-4-006

文字⑦ ▶ A-4-007

文字⑧ ▶ A-4-008

文字⑨ ▶ A-4-009

文字⑩ ▶ A-4-010

文字⑪ ▶ A-4-011

文字⑫ ▶ A-4-012

文字⑬ ▶ A-4-013

文字⑭ ▶ A-4-014

文字⑮ ▶ A-4-015

文字⑯ ▶ A-4-016

文字⑰ ▶ A-4-017

文字⑱ ▶ A-4-018

文字⑲ ▶ A-4-019

文字⑳ ▶ A-4-020

文字㉑ ▶ A-4-021

文字㉒ ▶ A-4-022

文字㉓ ▶ A-4-023

文字㉔ ▶ A-4-024

文字㉕ ▶ A-4-025

文字㉖ ▶ A-4-026

文字㉗ ▶ A-4-027

A 壁面かざり
クラスがみるみる華やかに！

⑤ 季節・自然

季節・自然①
▶ A-5-001

季節・自然②
▶ A-5-002

季節・自然③
▶ A-5-003

季節・自然④
▶ A-5-004

季節・自然⑤
▶ A-5-005

カラー版は他に5色！

季節・自然⑥
▶ A-5-006

季節・自然⑦
▶ A-5-007

カラー版は他に4色および顔ナシのデータがあります！

カラー版は他に3色および顔ナシのデータがあります！

季節・自然⑧
▶ A-5-008

季節・自然⑨
▶ A-5-009

季節・自然⑩
▶ A-5-010

季節・自然⑪
▶ A-5-011

季節・自然⑫
▶ A-5-012

カラー版は他に3色！

季節・自然⑬
▶ A-5-013

季節・自然⑭
▶ A-5-014

季節・自然⑮
▶ A-5-015

季節・自然⑯
▶ A-5-016

季節・自然⑰
▶ A-5-017

カラー版には秋バージョンも！

季節・自然⑱
▶ A-5-018

季節・自然⑲
▶ A-5-019

季節・自然⑳
▶ A-5-020

季節・自然㉑
▶ A-5-021

季節・自然㉒
▶ A-5-022

季節・自然㉓
▶ A-5-023

季節・自然㉔
▶ A-5-024

季節・自然㉕
▶ A-5-025

季節・自然㉖
▶ A-5-026

季節・自然㉗
▶ A-5-027

カタツムリ付きもあります！

季節・自然㉘
▶▶ A-5-028

季節・自然㉙
▶▶ A-5-029

季節・自然㉚
▶▶ A-5-030

季節・自然㉛
▶▶ A-5-031

季節・自然㉜
▶▶ A-5-032

季節・自然㉝
▶▶ A-5-033

季節・自然㉞
▶▶ A-5-034

顔ナシのデータもあります！

季節・自然㉟
▶▶ A-5-035

季節・自然㊱
▶▶ A-5-036

季節・自然㊲
▶▶ A-5-037

季節・自然㊳
▶▶ A-5-038

季節・自然㊴
▶▶ A-5-039

季節・自然㊵
▶▶ A-5-040

季節・自然㊶
▶▶ A-5-041

季節・自然㊷
▶▶ A-5-042

季節・自然㊸
▶▶ A-5-043

季節・自然㊹
▶▶ A-5-044

季節・自然㊺
▶▶ A-5-045

季節・自然㊻
▶▶ A-5-046

季節・自然㊼
▶▶ A-5-047

季節・自然㊽
▶▶ A-5-048

季節・自然㊾
▶▶ A-5-049

カラー版は他に6色！

季節・自然㊿
▶▶ A-5-050

壁面かざり ❺ 季節・自然

A 壁面かざり
クラスがみるみる華やかに！

6 その他

その他①
▶▶ A-6-001

その他②
▶▶ A-6-002

その他③
▶▶ A-6-003

その他④
▶▶ A-6-004

その他⑤
▶▶ A-6-005

誕生日列車や班のメンバー紹介に！

その他⑥
▶▶ A-6-006

その他⑦
▶▶ A-6-007

その他⑧
▶▶ A-6-008

その他⑨
▶▶ A-6-009

その他⑩
▶▶ A-6-010

その他⑪
▶▶ A-6-011

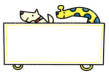
その他⑫
▶▶ A-6-012

その他⑬
▶▶ A-6-013

その他⑭
▶▶ A-6-014

その他⑮
▶▶ A-6-015

題材名やタイトルにも使えます！

その他⑯
▶▶ A-6-016

その他⑰
▶▶ A-6-017

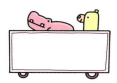
その他⑱
▶▶ A-6-018

その他⑲
▶▶ A-6-019

その他⑳
▶▶ A-6-020

カラー版は他に3色！

その他㉑
▶▶ A-6-021

その他㉒
▶▶ A-6-022

その他㉓
▶▶ A-6-023

その他㉔
▶▶ A-6-024

その他㉕
▶▶ A-6-025

教室掲示物

学級づくり必須アイテム！

教室掲示物　▶ B-0-001

教室掲示物
学級づくり必須アイテム！
① 座席表

ひらがなタイプは低学年、漢字タイプは高学年で！

座席表① ▶▶ B-1-001

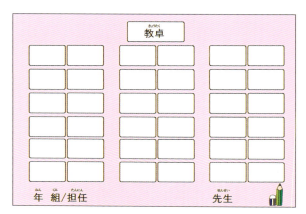

座席表② ▶▶ B-1-002

特別教室用

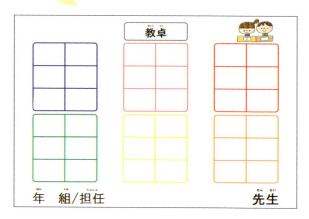

座席表③ ▶▶ B-1-003

データについて

＊ P.14〜15 の B-1-001〜B-1-004 は Word 形式も収録しているので、文字が入力できます（お持ちのフォントをご使用ください）。もちろんそのままプリントアウトして手書きで記入しても OK です。

B 教室掲示物
学級づくり必須アイテム！

2 時間割

時間割① ▶▶ B-2-001

時間割② ▶▶ B-2-002

> ひらがなタイプは低学年で！

> 漢字タイプは高学年で！

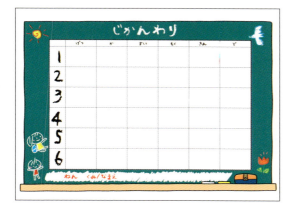

時間割③ ▶▶ B-2-003

時間割④ ▶▶ B-2-004

データについて

＊ P.16〜17 の B-2-001〜B-2-005 は Word 形式も収録しているので、文字が入力できます（お持ちのフォントをご使用ください）。もちろんそのままプリントアウトして手書きで記入しても OK です。

時間割
じかんわり

	月	火	水	木	金	土
1						
2						
3						
4						
5						
6						

年　組・名前

教室掲示物
学級づくり必須アイテム！

③ めあて・目標

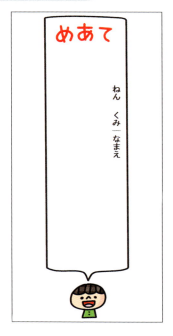

めあて①　▶▶ B-3-001

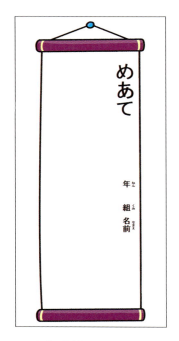

めあて②　▶▶ B-3-002

> ひらがなタイプは低学年、漢字タイプは高学年で！

目標①　▶▶ B-3-003

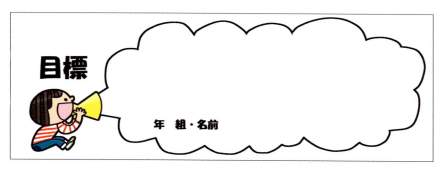

目標②　▶▶ B-3-004

4 日直

教室掲示物
学級づくり必須アイテム！

無地タイプも
あります！

日直① ▶▶ B-4-001

日直② ▶▶ B-4-002

日直③ ▶▶ B-4-003

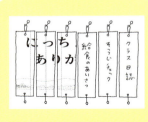

線の部分で切りはなし、
短冊にしてめくりながら
使うタイプです！

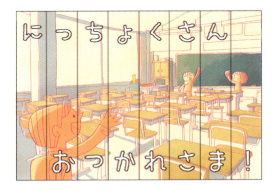

日直④ ▶▶ B-4-004

データについて

* B-4-001、B-4-002 は Word 形式も収録しているので、文字が入力できます（お持ちのフォントを
ご使用ください）。もちろんそのままプリントアウトして手書きで記入しても OK です。

❸ めあて・目標
❹ 日直

B 教室掲示物
学級づくり必須アイテム！

5 当番表

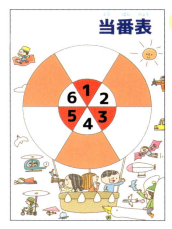
6班用

8班用

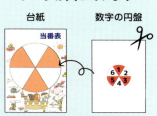

DVD-ROMにはこのようなデータが入っています

台紙　　　数字の円盤

B-5-001-台紙　　B-5-001-円盤

円盤を切り抜いて、台紙の上に画びょうでとめて使用します。
※円盤が回るように、画びょうのとめ方を調整してください。

当番表① ▶▶ B-5-001　　当番表② ▶▶ B-5-002

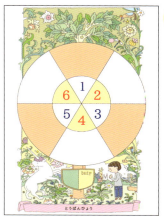
6班用

8班用

円盤には無地タイプもあります！

当番表③ ▶▶ B-5-003　　当番表④ ▶▶ B-5-004

6班用

8班用

当番表⑤ ▶▶ B-5-005　　当番表⑥ ▶▶ B-5-006

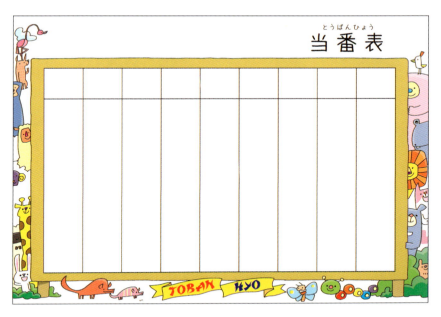

当番表⑦ ▶▶ B-5-007

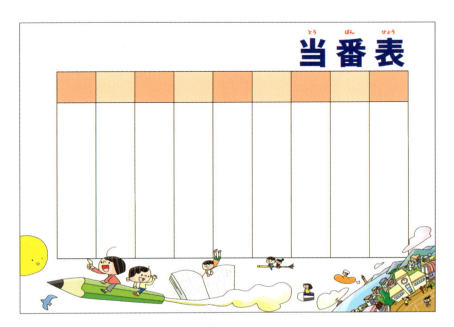

当番表⑧ ▶▶ B-5-008

教室掲示物
学級づくり必須アイテム！

B-6 スケジュール表

1か月

その日にあったことを書けば、学級日記にも使えます！

スケジュール表① ▶▶ B-6-001

スケジュール表② ▶▶ B-6-002

1年

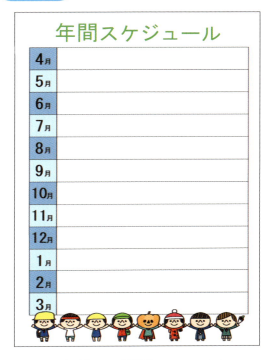

スケジュール表③ ▶ B-6-003

スケジュール表④ ▶ B-6-004

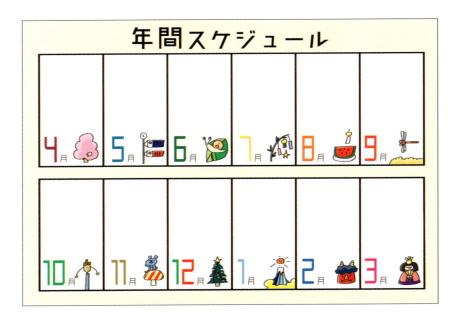

スケジュール表⑤ ▶ B-6-005

教室掲示物
学級づくり必須アイテム！

B-7 クラス年表

クラス年表① ▶▶ B-7-001

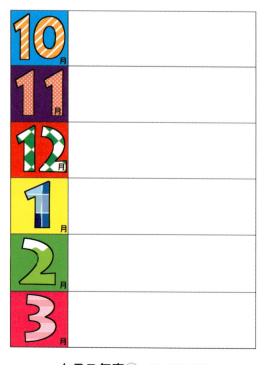

クラス年表② ▶▶ B-7-002

クラス年表④ ▶▶ B-7-004

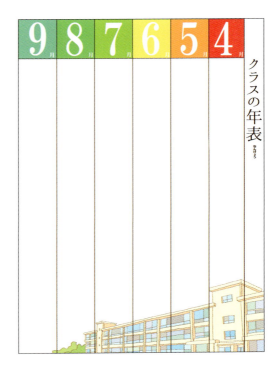
クラス年表③ ▶▶ B-7-003

それぞれ大きく出力して、つなげて使うのがおすすめ！

B 教室掲示物
学級づくり必須アイテム！

8 ポスター

無地タイプもあります！

ポスター① ▶ B-8-001

ポスター② ▶ B-8-002

ポスター③ ▶ B-8-003

ポスター④ ▶ B-8-004

ポスター⑤ ▶ B-8-005

ポスター⑥ ▶ B-8-006

ポスター⑦　▶▶ B-8-007

ポスター⑧　▶▶ B-8-008

ポスター⑨　▶▶ B-8-009

ポスター⑩　▶▶ B-8-010

学級参観などでのご案内に！

ポスター⑪　▶▶ B-8-011

ポスター⑫　▶▶ B-8-012

B 教室掲示物
学級づくり必須アイテム！

9 誕生日表

誕生日表① ▶▶ B-9-001

誕生日表② ▶▶ B-9-002

誕生日表③ ▶▶ B-9-003

誕生日表④ ▶▶ B-9-004

誕生日表⑤ ▶▶ B-9-005

誕生日表⑥ ▶▶ B-9-006

誕生日表⑦ ▶▶ B-9-007

誕生日表⑧ ▶▶ B-9-008

誕生日表⑨ ▶▶ B-9-009

誕生日表⑩ ▶▶ B-9-010

誕生日表⑪ ▶▶ B-9-011

誕生日表⑫ ▶▶ B-9-012

誕生日表⑬ ▶▶ B-9-013

誕生日表⑭ ▶▶ B-9-014

誕生日表⑮ ▶▶ B-9-015

誕生日表⑯ ▶▶ B-9-016

誕生日表⑰ ▶▶ B-9-017

誕生日表⑱ ▶▶ B-9-018

誕生日表⑲ ▶▶ B-9-019

誕生日表⑳ ▶▶ B-9-020

教室グッズ&カード

クラスがわいわい楽しくなる！

教室グッズ&カード ▶▶ C-0-001

C 教室グッズ&カード

クラスがわいわい楽しくなる！

① お知らせカード

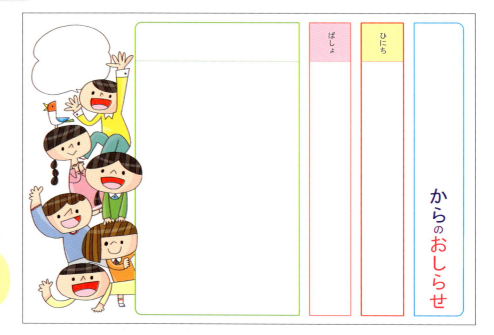

係や委員会からのお知らせにも使えます！

お知らせカード① ▶▶ C-1-001

お知らせカード② ▶▶ C-1-002

お知らせカード③ ▶▶ C-1-003

2 休んだ子への連絡カード

教室グッズ&カード
クラスがわいわい楽しくなる！

C 教室グッズ&カード
1 お知らせカード
2 休んだ子への連絡カード

休んだ子への連絡カード① ▶▶ C-2-001

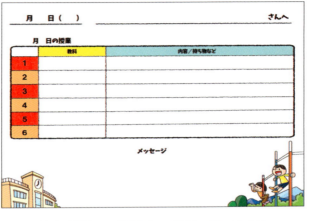

休んだ子への連絡カード② ▶▶ C-2-002

休んだ子への連絡カード③ ▶▶ C-2-003

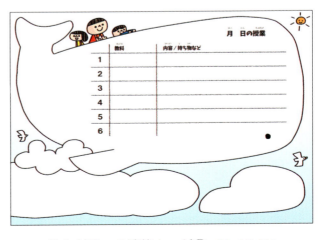

休んだ子への連絡カード④ ▶▶ C-2-004

C 教室グッズ&カード
クラスがわいわい楽しくなる！

3 ネームカード

1つずつのデータもあります！

ネームカード① ▶▶ C-3-001

ネームカード② ▶▶ C-3-002

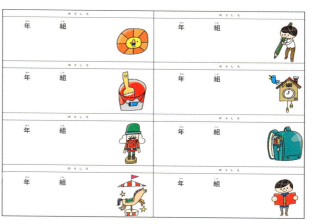

ネームカード③ ▶▶ C-3-003

のりしろナシのデータもあります！

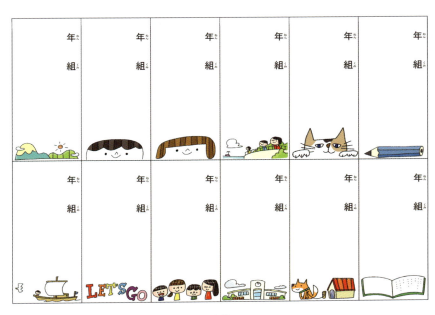

ネームカード④ ▶▶ C-3-004

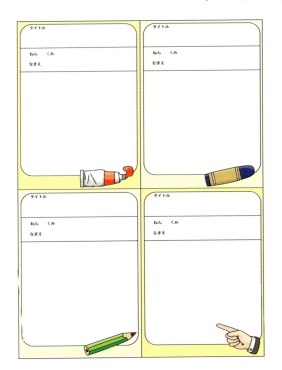

ネームカード⑤ ▶▶ C-3-005

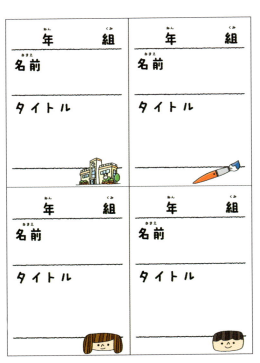

ネームカード⑥ ▶▶ C-3-006

作品発表用などに！

C 教室グッズ＆カード
クラスがわいわい楽しくなる！

④ 自己紹介カード

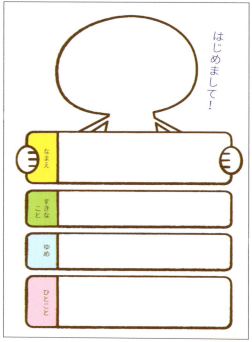

自己紹介カード① ▶▶ C-4-001

自己紹介カード② ▶▶ C-4-002

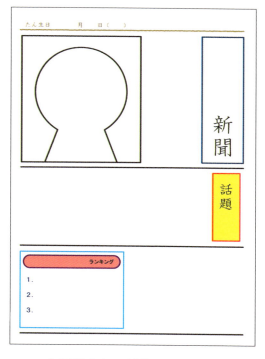

自己紹介カード③ ▶▶ C-4-003

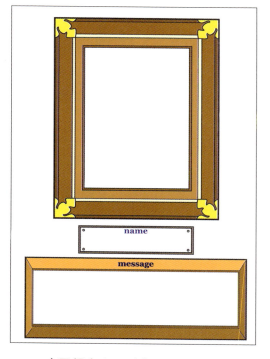

自己紹介カード④ ▶▶ C-4-004

⑤ ありがとうカード

教室グッズ&カード
クラスがわいわい楽しくなる！

ありがとうカード① ▶▶ C-5-001

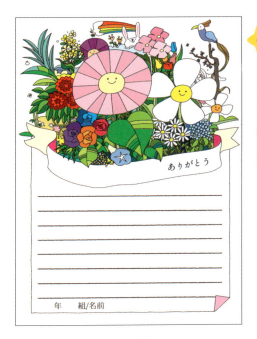

ありがとうカード② ▶▶ C-5-002

ありがとうカード③ ▶▶ C-5-003

ありがとうカード④ ▶▶ C-5-004

班のメンバー紹介や歴史上の人物紹介にも使えます！

C 教室グッズ＆カード
クラスがわいわい楽しくなる！

⑥ ほめるカード

C → モノクロ/カラー color/mono → 6

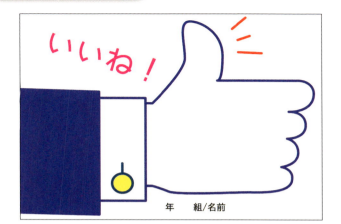

ほめるカード①　▶▶ C-6-001

ほめるカード②　▶▶ C-6-002

ほめるカード③　▶▶ C-6-003

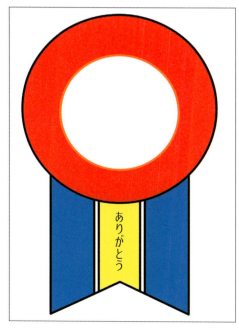

ほめるカード④　▶▶ C-6-004

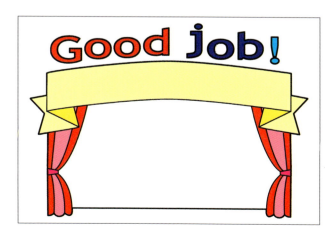

ほめるカード⑤　▶▶ C-6-005

7 めでたいカード

C 教室グッズ&カード
クラスがわいわい楽しくなる！

めでたいカード① ▶▶ C-7-001

めでたいカード② ▶▶ C-7-002

めでたいカード③ ▶▶ C-7-003

めでたいカード④ ▶▶ C-7-004

C 教室グッズ＆カード
クラスがわいわい楽しくなる！

8 便箋

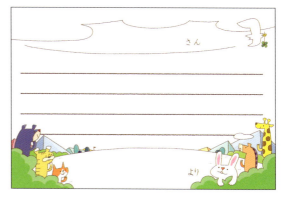

便箋①　▶▶ C-8-001

便箋②　▶▶ C-8-002

便箋③　▶▶ C-8-003

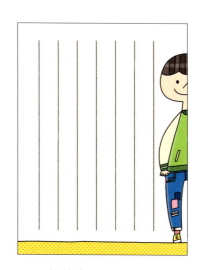

便箋④　▶▶ C-8-004

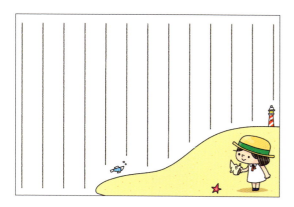

便箋⑤　▶▶ C-8-005

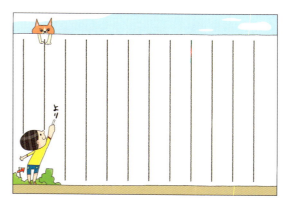

便箋⑥　▶▶ C-8-006

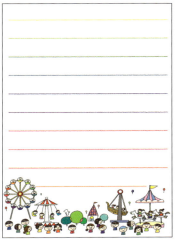
便箋⑦ ▶▶ C-8-007

便箋⑧ ▶▶ C-8-008

便箋⑨ ▶▶ C-8-009

便箋⑩ ▶▶ C-8-010

便箋⑪ ▶▶ C-8-011

C-8-008～C-8-011で春夏秋冬です！

便箋⑫ ▶▶ C-8-012

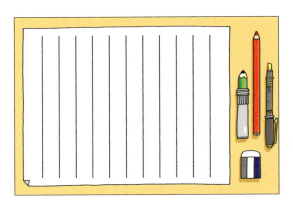
便箋⑬ ▶▶ C-8-013

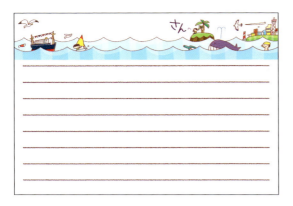

便箋⑭ ▶▶ C-8-014

便箋⑮ ▶▶ C-8-015

便箋⑯ ▶▶ C-8-016

便箋⑰ ▶▶ C-8-017

便箋⑱ ▶▶ C-8-018

便箋⑲ ▶▶ C-8-019

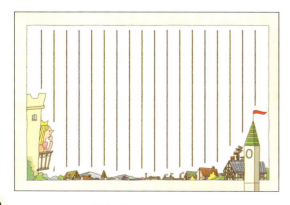

便箋⑳ ▶▶ C-8-020

授業グッズ&カード

学習意欲をどんどん引き出す！

授業グッズ&カード　▶ D-0-001

① 読書カード

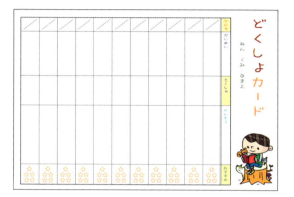

読書カード① ▶▶ D-1-001

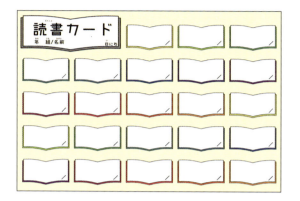

読書カード② ▶▶ D-1-002

読書カード③ ▶▶ D-1-003

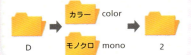

2 音読カード

D 授業グッズ＆カード
学習意欲をどんどん引き出す！

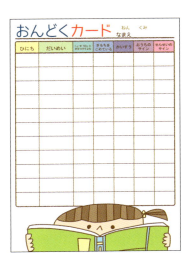

音読カード① ▶▶ D-2-001

音読カード② ▶▶ D-2-002

音読カード③ ▶▶ D-2-003

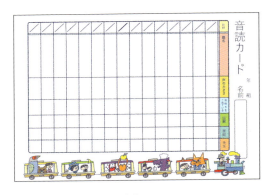

音読カード④ ▶▶ D-2-004

音読カード⑤ ▶▶ D-2-005

D 授業グッズ＆カード
1 読書カード　2 音読カード

D 授業グッズ&カード
学習意欲をどんどん引き出す！

③ 俳句カード

> それぞれ4枚つづりのデータ（枠アリ、枠ナシ）、
> 4種類が1度に出力できるデータ（枠アリ、枠ナシ）があります！

俳句カード①
▶▶ D-3-001-枠アリ

俳句カード①
▶▶ D-3-001-枠ナシ

俳句カード②
▶▶ D-3-002-枠アリ

俳句カード②
▶▶ D-3-002-枠ナシ

俳句カード③
▶▶ D-3-003-枠アリ

俳句カード③
▶▶ D-3-003-枠ナシ

俳句カード④
▶▶ D-3-004-枠アリ

俳句カード④
▶▶ D-3-004-枠ナシ

④ 日本地図

D 授業グッズ＆カード
学習意欲をどんどん引き出す！

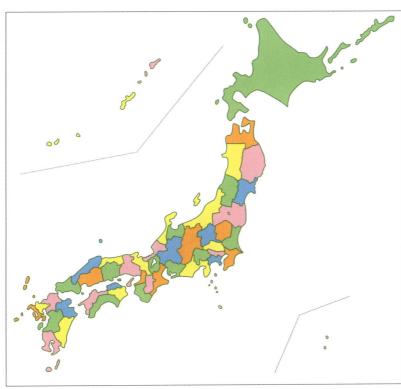

＊P.45〜47は、イラストにするために形をデザイン化・簡略化しています。

日本地図 ▶▶ D-4-001

それぞれ切り取ると、パズルのようにつながります！

北海道 ▶▶ D-4-002

青森県 ▶▶ D-4-003

岩手県 ▶▶ D-4-004

宮城県 ▶▶ D-4-005

秋田県 ▶▶ D-4-006

山形県 ▶▶ D-4-007

福島県 ▶▶ D-4-008

 茨城県 ▶▶ D-4-009

 栃木県 ▶▶ D-4-010

 群馬県 ▶▶ D-4-011

 埼玉県 ▶▶ D-4-012

 千葉県 ▶▶ D-4-013

 東京都 ▶▶ D-4-014

 神奈川県 ▶▶ D-4-015

 新潟県 ▶▶ D-4-016

 富山県 ▶▶ D-4-017

 石川県 ▶▶ D-4-018

 福井県 ▶▶ D-4-019

 山梨県 ▶▶ D-4-020

 長野県 ▶▶ D-4-021

 岐阜県 ▶▶ D-4-022

 静岡県 ▶▶ D-4-023

 愛知県 ▶▶ D-4-024

 三重県 ▶▶ D-4-025

 滋賀県 ▶▶ D-4-026

 京都府 ▶▶ D-4-027

 大阪府 ▶▶ D-4-028

 兵庫県 ▶▶ D-4-029
 奈良県 ▶▶ D-4-030
 和歌山県 ▶▶ D-4-031
 鳥取県 ▶▶ D-4-032

 島根県 ▶▶ D-4-033
 岡山県 ▶▶ D-4-034
 広島県 ▶▶ D-4-035
 山口県 ▶▶ D-4-036

 徳島県 ▶▶ D-4-037
 香川県 ▶▶ D-4-038
 愛媛県 ▶▶ D-4-039
 高知県 ▶▶ D-4-040

 福岡県 ▶▶ D-4-041
 佐賀県 ▶▶ D-4-042
 長崎県 ▶▶ D-4-043
 熊本県 ▶▶ D-4-044

 大分県 ▶▶ D-4-045
 宮崎県 ▶▶ D-4-046
 鹿児島県 ▶▶ D-4-047
 沖縄県 ▶▶ D-4-048

D 授業グッズ＆カード ❹ 日本地図

D 授業グッズ＆カード
学習意欲をどんどん引き出す！

⑤ 世界地図

世界地図 ▶▶ D-5-001

いろいろな服

「いろいろな服」をすべてまとめて出力できるデータもあります！

いろいろな服① ▶▶ D-5-002

いろいろな服② ▶▶ D-5-003

いろいろな服③ ▶▶ D-5-004

いろいろな服④ ▶▶ D-5-005

いろいろな服⑤ ▶▶ D-5-006

いろいろな服⑥ ▶▶ D-5-007

いろいろな服⑦
▶▶ D-5-008

いろいろな服⑧
▶▶ D-5-009

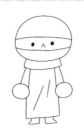
いろいろな服⑨
▶▶ D-5-010

いろいろな服⑩
▶▶ D-5-011

いろいろな服⑪
▶▶ D-5-012

いろいろな服⑫
▶▶ D-5-013

いろいろな服⑬
▶▶ D-5-014

いろいろな服⑭
▶▶ D-5-015

いろいろな服⑮
▶▶ D-5-016

いろいろな服⑯
▶▶ D-5-017

いろいろな服⑰
▶▶ D-5-018

「ベースの人」に
いろいろな服を
描き入れて
活用できます!

いろいろな服⑱
▶▶ D-5-019

いろいろな服⑲
▶▶ D-5-020

いろいろな服⑳
▶▶ D-5-021

いろいろな服㉑
▶▶ D-5-022

D 授業グッズ＆カード
学習意欲をどんどん引き出す！
⑥ 九九カード＆チャレンジカード

九九カード①　▶▶ D-6-001

九九カード②　▶▶ D-6-002

チャレンジカード①　▶▶ D-6-003

チャレンジカード②　▶▶ D-6-004

7 アルファベット表

アルファベット表 ▶▶ D-7-001

8 ローマ字表

D 授業グッズ＆カード — 学習意欲をどんどん引き出す！

ローマ字表①　▶▶ D-8-001

訓令式・（ ）内はヘボン式

W	R	Y	M	H	N	T	S	K	A	大文字
w	r	y	m	h	n	t	s	k	a	小文字
wa わ	ra ら	ya や	ma ま	ha は	na な	ta た	sa さ	ka か	a あ	
wa	rappa	yama	makura	ha	nasu	taiko	same	kame	ame	
o を	ri り		mi み	hi ひ	ni に	ti ち (chi)	si し (shi)	ki き	i い	
te o ageru	ringo		migi	hituzi	nizi	tikuwa	sinkansen	kikyû	inu	
n ん	ru る	yu ゆ	mu む	hu ふ (fu)	nu ぬ	tu つ (tsu)	su す	ku く	u う	
pan	rubi	yuki	musi	hue	nurie	tukue	susi	kuma	uma	
	re れ		me め	he へ	ne ね	te て	se せ	ke け	e え	
	renkon		me	hei	neko	te	semi	keisatukan	enpitu	
	ro ろ	yo よ	mo も	ho ほ	no の	to と	so そ	ko こ	o お	
	robotto	yoru	moti	hon	nori	tokei	sôji	kodomo	ongaku	

ローマ字表②　▶▶ D-8-002

	ぱ	ば	だ	ざ	が	わ	ら	や	ま	は	な	た	さ	か	あ		
	P	B	D	Z	G	W	R	Y	M	H	N	T	S	K	A	大文字	
	p	b	d	z	g	w	r	y	m	h	n	t	s	k	a	小文字	大文字
	pa	ba	da	za	ga	wa	ra	ya	ma	ha	na	ta	sa	ka	a	a	A あ
	pi	bi	zi(ji)	zi(ji)	gi	o	ri		mi	hi	ni	ti(chi)	si(shi)	ki	i	i	I い
	pu	bu	zu	zu	gu	n	ru	yu	mu	hu(fu)	nu	tu(tsu)	su	ku	u	u	U う
	pe	be	de	ze	ge		re		me	he	ne	te	se	ke	e	e	E え
	po	bo	do	zo	go		ro	yo	mo	ho	no	to	so	ko	o	o	O お
	pya	bya	zya(ja)	zya(ja)	gya		rya		mya	hya	nya	tya(cha)	sya(sha)	kya			
	pyu	byu	zyu(ju)	zyu(ju)	gyu		ryu		myu	hyu	nyu	tyu(chu)	syu(shu)	kyu			
	pyo	byo	zyo(jo)	zyo(jo)	gyo		ryo		myo	hyo	nyo	tyo(cho)	syo(sho)	kyo			

授業グッズ&カード D 学習意欲をどんどん引き出す！

⑨ 英語あいさつポスター

Good morning

おはようございます

英語あいさつポスター①　▶▶ D-9-001

Good bye

さようなら

英語あいさつポスター②　▶▶ D-9-002

英語あいさつポスター③ ▶▶ D-9-003

英語あいさつポスター④ ▶▶ D-9-004

10 英語の誕生日カード

英語の誕生日カード① ▶▶ D-10-001

英語の誕生日カード② ▶▶ D-10-002

英語の誕生日カード③ ▶▶ D-10-003

英語の誕生日カード④ ▶▶ D-10-004

英語の誕生日カード⑤ ▶▶ D-10-005

英語の誕生日カード⑥ ▶▶ D-10-006

D 授業グッズ＆カード
学習意欲をどんどん引き出す！

11 発表カード

発表カード①　▶▶ D-11-001

発表カード②　▶▶ D-11-002

> ひらがなタイプは低学年、漢字タイプは高学年で！

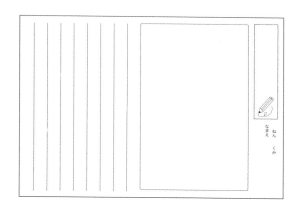

発表カード③　▶▶ D-11-003

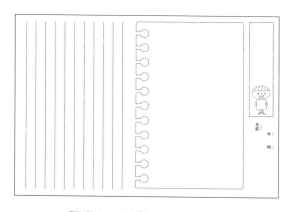

発表カード④　▶▶ D-11-004

このようなかんじにも使えます！

発表カード⑤
▶▶ D-11-005

発表カード⑥
▶▶ D-11-006

発表カード⑦
▶▶ D-11-007

発表カード⑧
▶▶ D-11-008

⑫ 観察カード

授業グッズ＆カード

学習意欲をどんどん引き出す！

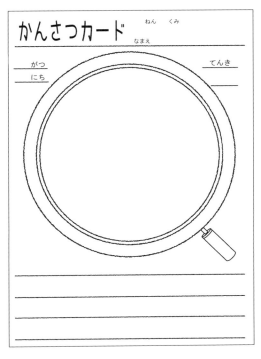

観察カード① ▶▶ D-12-001

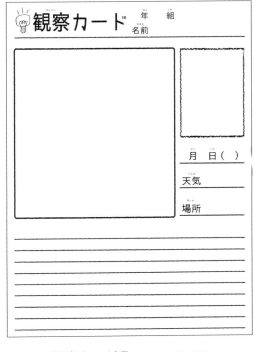

観察カード② ▶▶ D-12-002

観察カード③ ▶▶ D-12-003

観察カード④ ▶▶ D-12-004

D 授業グッズ&カード

学習意欲をどんどん引き出す!

13 体育カード

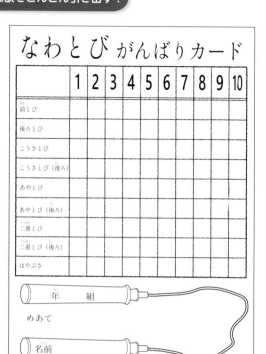

体育カード① ▶▶ D-13-001

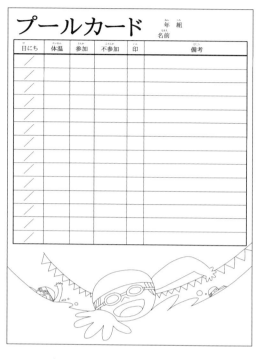

体育カード② ▶▶ D-13-002

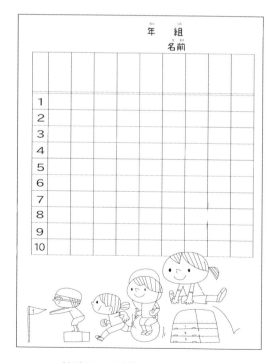

体育カード③ ▶▶ D-13-003

体育カード④ ▶▶ D-13-004

E

GIFアニメ素材

授業の集中力をみるみる高める！

GIF アニメ素材　▶▶ E-0-001

E GIFアニメ素材
授業の集中力をみるみる高める!

1 動くアイコン

gifデータは、複数のフレームを順に表示できる画像データです。各ファイルaとb（一部a、b、cまたはa、b、c、d）のイラスト順に繰り返し表示されていきます。また、すべてのデータについてイラストカットとして使用できるpngデータがあります。
＊Microsoft Office PowerPoint 2010を使用した手順は、P.93を参照。

 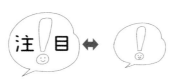 

動くアイコン①　動くアイコン①　動くアイコン②　動くアイコン②　動くアイコン③　動くアイコン③
▶▶ E-1-001-a　▶▶ E-1-001-b　▶▶ E-1-002-a　▶▶ E-1-002-b　▶▶ E-1-003-a　▶▶ E-1-003-b

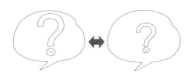  

動くアイコン④　動くアイコン④　動くアイコン⑤　動くアイコン⑤　動くアイコン⑥　動くアイコン⑥
▶▶ E-1-004-a　▶▶ E-1-004-b　▶▶ E-1-005-a　▶▶ E-1-005-b　▶▶ E-1-006-a　▶▶ E-1-006-b

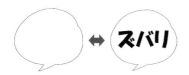  

動くアイコン⑦　動くアイコン⑦　動くアイコン⑧　動くアイコン⑧　動くアイコン⑨　動くアイコン⑨
▶▶ E-1-007-a　▶▶ E-1-007-b　▶▶ E-1-008-a　▶▶ E-1-008-b　▶▶ E-1-009-a　▶▶ E-1-009-b

  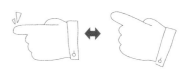

動くアイコン⑩　動くアイコン⑩　動くアイコン⑪　動くアイコン⑪　動くアイコン⑫　動くアイコン⑫
▶▶ E-1-010-a　▶▶ E-1-010-b　▶▶ E-1-011-a　▶▶ E-1-011-b　▶▶ E-1-012-a　▶▶ E-1-012-b

動くアイコン⑬	動くアイコン⑬	動くアイコン⑭	動くアイコン⑭	動くアイコン⑮	動くアイコン⑮
▶▶ E-1-013-a	▶▶ E-1-013-b	▶▶ E-1-014-a	▶▶ E-1-014-b	▶▶ E-1-015-a	▶▶ E-1-015-b

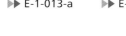

動くアイコン⑯	動くアイコン⑯	動くアイコン⑯	動くアイコン⑰	動くアイコン⑰
▶▶ E-1-016-a	▶▶ E-1-016-b	▶▶ E-1-016-c	▶▶ E-1-017-a	▶▶ E-1-017-b

動くアイコン⑱	動くアイコン⑱	動くアイコン⑲	動くアイコン⑲	動くアイコン⑳	動くアイコン⑳
▶▶ E-1-018-a	▶▶ E-1-018-b	▶▶ E-1-019-a	▶▶ E-1-019-b	▶▶ E-1-020-a	▶▶ E-1-020-b

E　GIFアニメ素材　1　動くアイコン

E GIFアニメ素材
授業の集中力をみるみる高める！

2 人物

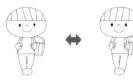 

人物① ▶▶ E-2-001-a　人物① ▶▶ E-2-001-b　人物② ▶▶ E-2-002-a　人物② ▶▶ E-2-002-b　人物③ ▶▶ E-2-003-a　人物③ ▶▶ E-2-003-b

人物④ ▶▶ E-2-004-a　人物④ ▶▶ E-2-004-b　人物⑤ ▶▶ E-2-005-a　人物⑤ ▶▶ E-2-005-b　人物⑥ ▶▶ E-2-006-a　人物⑥ ▶▶ E-2-006-b

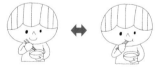

人物⑦ ▶▶ E-2-007-a　人物⑦ ▶▶ E-2-007-b　人物⑧ ▶▶ E-2-008-a　人物⑧ ▶▶ E-2-008-b　人物⑨ ▶▶ E-2-009-a　人物⑨ ▶▶ E-2-009-b

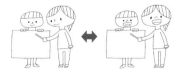  

人物⑩ ▶▶ E-2-010-a　人物⑩ ▶▶ E-2-010-b　人物⑪ ▶▶ E-2-011-a　人物⑪ ▶▶ E-2-011-b　人物⑫ ▶▶ E-2-012-a　人物⑫ ▶▶ E-2-012-b

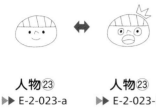

人物㉓　人物㉓　人物㉔　人物㉔　人物㉕　人物㉕
▶▶ E-2-023-a　▶▶ E-2-023-b　▶▶ E-2-024-a　▶▶ E-2-024-b　▶▶ E-2-025-a　▶▶ E-2-025-b

人物㉖　人物㉖　人物㉗　人物㉗　人物㉗　人物㉗
▶▶ E-2-026-a　▶▶ E-2-026-b　▶▶ E-2-027-a　▶▶ E-2-027-b　▶▶ E-2-027-c　▶▶ E-2-027-d

人物㉘　人物㉘　人物㉙　人物㉙　人物㉚　人物㉚
▶▶ E-2-028-a　▶▶ E-2-028-b　▶▶ E-2-029-a　▶▶ E-2-029-b　▶▶ E-2-030-a　▶▶ E-2-030-b

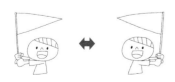

人物㉛　人物㉛
▶▶ E-2-031-a　▶▶ E-2-031-b

3 学校

GIFアニメ素材
授業の集中力をみるみる高める！

学校① E-3-001-a　学校① E-3-001-b　学校② E-3-002-a　学校② E-3-002-b　学校③ E-3-003-a　学校③ E-3-003-b

学校④ E-3-004-a　学校④ E-3-004-b　学校⑤ E-3-005-a　学校⑤ E-3-005-b　学校⑥ E-3-006-a　学校⑥ E-3-006-b

学校⑦ E-3-007-a　学校⑦ E-3-007-b　学校⑧ E-3-008-a　学校⑧ E-3-008-b　学校⑨ E-3-009-a　学校⑨ E-3-009-b

学校⑩ E-3-010-a　学校⑩ E-3-010-b　学校⑪ E-3-011-a　学校⑪ E-3-011-b　学校⑫ E-3-012-a　学校⑫ E-3-012-b

学校⑬　　学校⑬　　学校⑭　　学校⑭　　学校⑮　　学校⑮
▶▶ E-3-013-a　▶▶ E-3-013-b　▶▶ E-3-014-a　▶▶ E-3-014-b　▶▶ E-3-015-a　▶▶ E-3-015-b

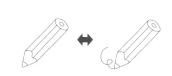

学校⑯　　学校⑯　　学校⑰　　学校⑰　　学校⑱　　学校⑱
▶▶ E-3-016-a　▶▶ E-3-016-b　▶▶ E-3-017-a　▶▶ E-3-017-b　▶▶ E-3-018-a　▶▶ E-3-018-b

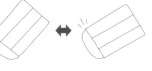
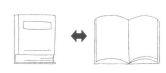
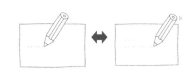

学校⑲　　学校⑲　　学校⑳　　学校⑳　　学校㉑　　学校㉑
▶▶ E-3-019-a　▶▶ E-3-019-b　▶▶ E-3-020-a　▶▶ E-3-020-b　▶▶ E-3-021-a　▶▶ E-3-021-b

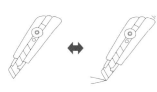

学校㉒　　学校㉒　　学校㉓　　学校㉓　　学校㉔　　学校㉔
▶▶ E-3-022-a　▶▶ E-3-022-b　▶▶ E-3-023-a　▶▶ E-3-023-b　▶▶ E-3-024-a　▶▶ E-3-024-b

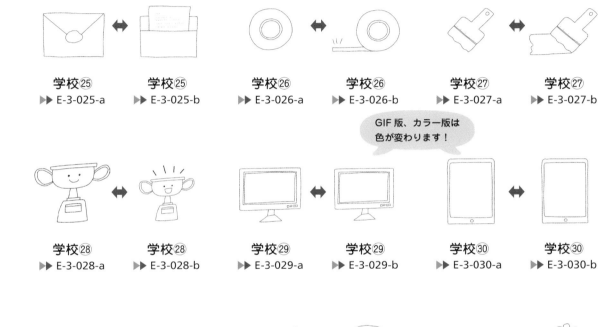

E GIFアニメ素材 4 その他

授業の集中力をみるみる高める！

> GIF版、カラー版は色が変わります！

| その他① E-4-001-a | その他① E-4-001-b | その他② E-4-002-a | その他② E-4-002-b | その他③ E-4-003-a | その他③ E-4-003-b |

> 春夏秋冬に変化します！

| その他④ E-4-004-a | その他④ E-4-004-b | その他④ E-4-004-c | その他④ E-4-004-d |

| その他⑤ E-4-005-a | その他⑤ E-4-005-b | その他⑥ E-4-006-a | その他⑥ E-4-006-b | その他⑦ E-4-007-a | その他⑦ E-4-007-b |

| その他⑧ E-4-008-a | その他⑧ E-4-008-b | その他⑨ E-4-009-a | その他⑨ E-4-009-b | その他⑩ E-4-010-a | その他⑩ E-4-010-b |

学級あそびグッズ

クラスが盛り上がる！

学級あそびグッズ ▶ F-0-001

F 学級あそびグッズ
クラスが盛り上がる！

1 イベント＆MCグッズ

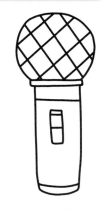
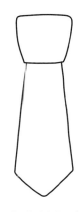
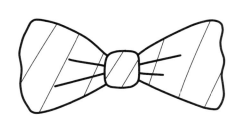

イベント＆MCグッズ①
▶▶ F-1-001

イベント＆MCグッズ②
▶▶ F-1-002

イベント＆MCグッズ③
▶▶ F-1-003

イベント＆MCグッズ④
▶▶ F-1-004

イベント＆MCグッズ⑤
▶▶ F-1-005

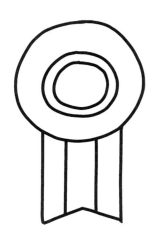

イベント＆MCグッズ⑥
▶▶ F-1-006

イベント＆MCグッズ⑦
▶▶ F-1-007

イベント＆MC グッズ⑧
▶▶ F-1-008

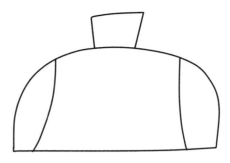

イベント＆MC グッズ⑨
▶▶ F-1-009

イベント＆MC グッズ⑩
▶▶ F-1-010

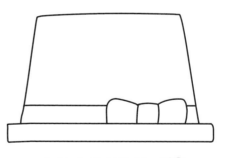

イベント＆MC グッズ⑪
▶▶ F-1-011

色別にすれば、グループ活動や縦割り活動など使い方もいろいろに！

2 ○×＆YES・NOカード

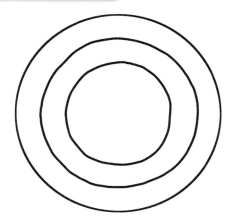

○×＆YES・NO カード①
▶▶ F-2-001

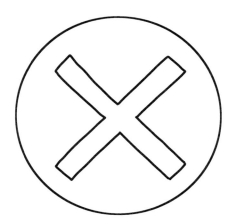

○×＆YES・NO カード②
▶▶ F-2-002

○×＆YES・NO カード③
▶▶ F-2-003

○×＆YES・NO カード④
▶▶ F-2-004

○×＆YES・NO カード⑤
▶▶ F-2-005

○×＆YES・NO カード⑥
▶▶ F-2-006

○×＆YES・NO カード⑦
▶▶ F-2-007

○×＆YES・NO カード⑧
▶▶ F-2-008

○×＆YES・NO カード⑨
▶▶ F-2-009

○×＆YES・NO カード⑩
▶▶ F-2-010

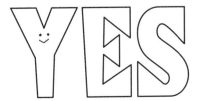

○×＆YES・NO カード⑪
▶▶ F-2-011

○×＆YES・NO カード⑫
▶▶ F-2-012

F 学級あそびグッズ
クラスが盛り上がる！
③ ビンゴ&かるた

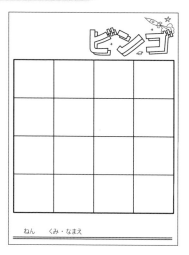

ビンゴ①　▶▶ F-3-001

ビンゴ②　▶▶ F-3-002

かるた①　▶▶ F-3-003

読み札、絵札ともに子どもたちに自由に作らせて楽しめます！

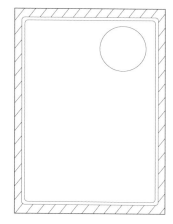

かるた②　▶▶ F-3-004

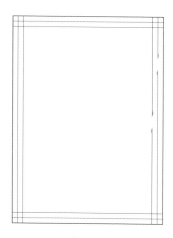

かるた③　▶▶ F-3-005

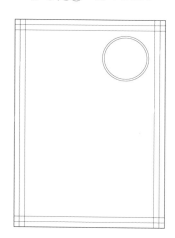

かるた④　▶▶ F-3-006

4 カウントダウンカレンダー

F 学級あそびグッズ
クラスが盛り上がる！

_____まで

台紙

台紙に合わせて数字を貼り、イベントまで日めくりしながら使います！

カウントダウンカレンダー①
▶▶ F-4-001

カウントダウンカレンダー②
▶▶ F-4-002

カウントダウンカレンダー③
▶▶ F-4-003

カウントダウンカレンダー④
▶▶ F-4-004

カウントダウンカレンダー⑤
▶▶ F-4-005

カウントダウンカレンダー⑥
▶▶ F-4-006

カウントダウンカレンダー⑦
▶▶ F-4-007

カウントダウンカレンダー⑧
▶▶ F-4-008

カウントダウンカレンダー⑨
▶▶ F-4-009

カウントダウンカレンダー⑩
▶▶ F-4-010

カウントダウンカレンダー⑪
▶▶ F-4-011

F 学級あそびグッズ クラスが盛り上がる！

5 メダル

メダル① ▶▶ F-5-001

メダル② ▶▶ F-5-002

メダル③ ▶▶ F-5-003

メダル④ ▶▶ F-5-004

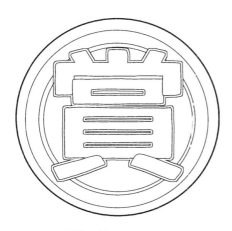

メダル⑤ ▶▶ F-5-005

メダル⑥ ▶▶ F-5-006

名刺サイズに出力して、ビニール製の
ネームホルダーに入れると簡単です！

メダル⑦　▶▶ F-5-007

メダル⑧　▶▶ F-5-008

メダル⑨　▶▶ F-5-009

司会などの役割を書くのもおすすめ！

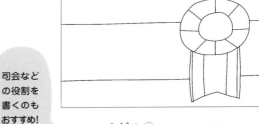

メダル⑩　▶▶ F-5-010

メダル⑪　▶▶ F-5-011

メダル⑫　▶▶ F-5-012

メダル⑬　▶▶ F-5-013

メダル⑭　▶▶ F-5-014

F 学級あそびグッズ　5 メダル

F 学級あそびグッズ クラスが盛り上がる！

⑥ 賞状

すべて無地タイプもあります！

賞状① ▶▶ F-6-001

賞状② ▶▶ F-6-002

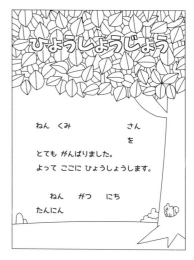

賞状③ ▶▶ F-6-003

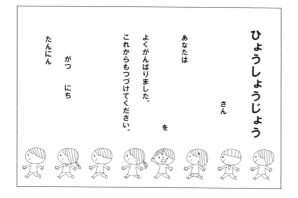

賞状④ ▶▶ F-6-004

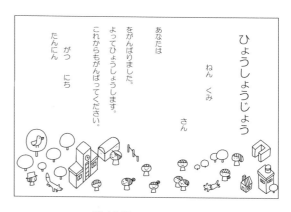

賞状⑤ ▶▶ F-6-005

データについて

＊P.80～83のF-6-001～F-6-016はWord形式も収録しているので、文字が入力できます（お持ちのフォントをご使用ください）。もちろんそのままプリントアウトして手書きで記入してもOKです。

モノクロ版では
ぬり絵をさせる
こともできます！

賞状⑥ ▶▶ F-6-006

賞状⑦ ▶▶ F-6-007

賞状⑧ ▶▶ F-6-008

F 学級あそびグッズ 6 賞状

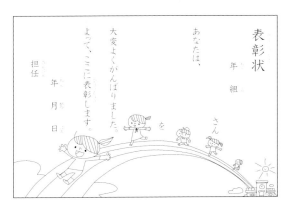

賞状⑨ ▶▶ F-6-009

賞状⑩ ▶▶ F-6-010

賞状⑪ ▶▶ F-6-011

賞状⑫ ▶▶ F-6-012

賞状⑬ ▶▶ F-6-013

賞状⑭　▶▶ F-6-014

賞状⑮　▶▶ F-6-015

F 学級あそびグッズ ❻ 賞状

賞状⑯　▶▶ F-6-016

F 学級あそびグッズ クラスが盛り上がる！

7 フォトフレーム

フォトフレーム①　▶▶ F-7-001

文字を入れれば、カードや賞状としても使えます！

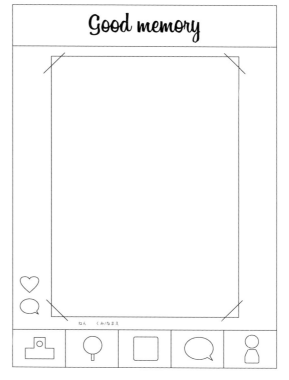

フォトフレーム②　▶▶ F-7-002

フォトフレーム③ ▶▶ F-7-003

フォトフレーム④ ▶▶ F-7-004

F 学級あそびグッズ クラスが盛り上がる！

⑧ メッセージカード

寄せ書きに便利！

メッセージカード①
▶▶ F-8-001

メッセージカード②
▶▶ F-8-002

メッセージカード③
▶▶ F-8-003

メッセージカード④
▶▶ F-8-004

メッセージカード⑤
▶▶ F-8-005

メッセージカード⑥
▶▶ F-8-006

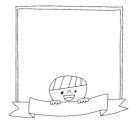
メッセージカード⑦
▶▶ F-8-007

メッセージカード⑧
▶▶ F-8-008

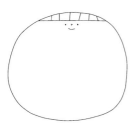
メッセージカード⑨
▶▶ F-8-009

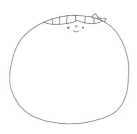
メッセージカード⑩
▶▶ F-8-010

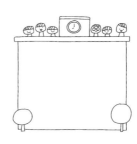
メッセージカード⑪
▶▶ F-8-011

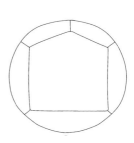
メッセージカード⑫
▶▶ F-8-012

カラー版は6色！

メッセージカード⑬
▶▶ F-8-013

メッセージカード⑭
▶▶ F-8-014

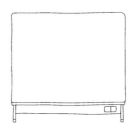
メッセージカード⑮
▶▶ F-8-015

メッセージカード⑯
▶▶ F-8-016

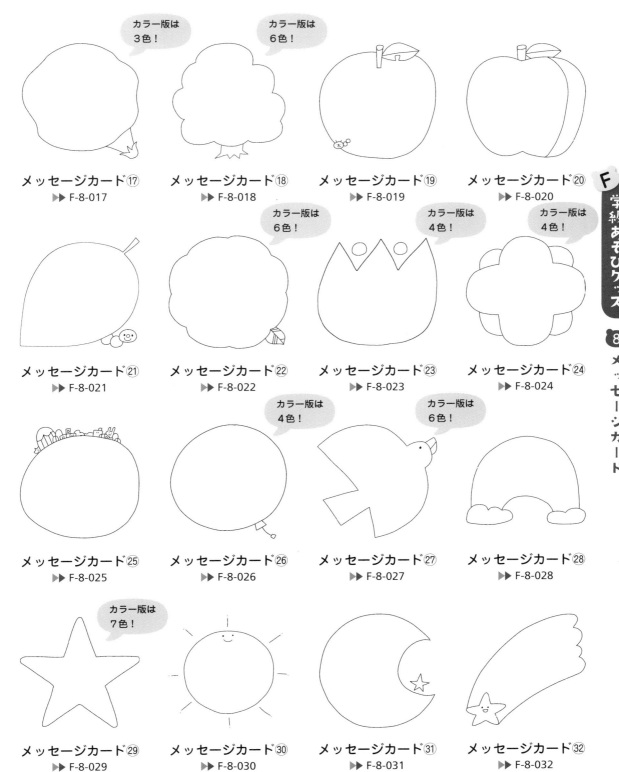

DVD-ROMを使用する前に

付属DVD-ROMには、本書で紹介した
テンプレートや素材が入っています。
使用する前に、下記の「収録データについて」
「ご利用上の注意」「DVD-ROMの構成」および
巻末（P.96）の「DVD-ROMのご利用に際して」を
必ずお読みください。

収録データについて

　付属DVD-ROMに収録されているデータには、PNG形式・Word形式・GIF形式の3種類があります。

　「PNG」は背景が透明になっているデータ形式のことです。他のイラストや文字との組み合わせに便利です。P.5〜88に掲載されているテンプレートや素材の画像データはカラー・モノクロともにPNG形式で収録されています。「座席表」や「時間割」など、一部のテンプレートはWord形式も収録しています。収録されているテンプレートは「Microsoft Office Word」で作成し、「Word97-2003文書」の形式で保存してあります。

　また、P.62〜70に掲載されている「GIF」は複数のフレームを順に表示できるデータ形式のことです。「Microsoft Office PowerPoint」などのソフトで使用できます。

　お使いのOSやアプリケーションのバージョンによってはレイアウトが崩れたり、開けないなどの可能性がありますので、予めご了承ください。

※Microsoft Office WordおよびMicrosoft Office PowerPointは、米国Microsoft Corporationの登録商標です。

ご利用上の注意

★ イラストについて

　付属DVD-ROMに収録されている画像データの解像度は、PNGデータが350dpi、GIFアニメーションデータが72dpiです。画像データは、200％以上に拡大すると、画像が荒れてイラストの線がゆがんだり、ギザギザに見える場合がありますので、ご了承ください。

　カラーのテンプレートや素材は、パソコンの環境やプリンタの設定等で、印刷した色調が本書に掲載している色調と多少異なることがあります。

　ソフトウェアによってはイラストの解像度情報を読み込まないものもあるため、文書に挿入した際に極端なサイズ違いで表示されることもあります。

★ 動作環境

　DVD-ROMドライブを内蔵または外付けしており、PNG形式およびGIF形式の画像データ、Microsoft社の「Word97-2003文書」が問題なく動作しているパソコンでご使用いただけます。なお、処理速度が遅いパソコンでは動作に時間がかかる場合もありますので、ご注意ください。また、Macintoshでの動作については保証いたしかねますので、ご了承ください。

★ 取り扱いについて

　ディスクの再生面にキズや汚れがつくと、データが読み取れなくなる場合がありますので、取り扱いには十分ご注意ください。使用後は、直射日光が当たるなど高温・多湿になる場所を避けて保管してください。また、付属DVD-ROMに収録されているデータについてのサポートは行っておりません。

★ 使用許諾範囲について

　付属DVD-ROMに収録されているデータ等の著作権・使用許諾権・商標権は、イクタケマコトに帰属し、お客様に譲渡されることはありません。また、付属DVD-ROMに含まれる知的財産権もイクタケマコトに帰属し、お客様に譲渡されることはありません。本書および付属DVD-ROMに収録されたデータは、無断で商業目的に使用することはできません。購入された個人または法人・団体が営利目的ではない私的な目的（学校内や自宅などでの利用）の場合のみ、本書および付属DVD-ROMを用いて印刷物、動画配信、WEBコンテンツを作成することができます。ただし、ロゴやアイコンでの使用は禁じます。

※ご使用の際に、クレジット表記や使用申請書提出の必要はありません。

DVD-ROMの構成

付属DVD-ROMのデータは、本書と同じカテゴリで収録しています。収録フォルダは各ページ上部に掲載しています。

- MATERIAL
  - **A 壁面かざり**
    - color
      - 0 章とびら
      - 1 人物
      - 2 行事
      - 3 学校生活
      - 4 文字
      - 5 季節・自然
      - 6 その他
    - mono
  - **B 教室掲示物**
    - color
      - 0 章とびら
      - 1 座席表
      - 2 時間割
      - 3 めあて・目標
      - 4 日直
      - 5 当番表
      - 6 スケジュール表
      - 7 クラス年表
      - 8 ポスター
      - 9 誕生日表
    - mono
    - word color
    - word mono
  - **C 教室グッズ&カード**
    - color
      - 0 章とびら
      - 1 お知らせカード
      - 2 休んだ子への連絡カード
      - 3 ネームカード
      - 4 自己紹介カード
      - 5 ありがとうカード
      - 6 ほめるカード
      - 7 めでたいカード
      - 8 便箋
    - mono
  - **D 授業グッズ&カード**
    - color
      - 0 章とびら
      - 1 読書カード
      - 2 音読カード
      - 3 俳句カード
      - 4 日本地図
      - 5 世界地図
      - 6 九九カード&チャレンジカード
      - 7 アルファベット表
      - 8 ローマ字表
      - 9 英語あいさつポスター
      - 10 英語の誕生日カード
      - 11 発表カード
      - 12 観察カード
      - 13 体育カード
    - mono
  - **E GIFアニメ素材**
    - color
      - 0 章とびら
      - 1 動くアイコン
      - 2 人物
      - 3 学校
      - 4 その他
    - gif
    - mono
  - **F 学級あそびグッズ**
    - color
      - 0 章とびら
      - 1 イベント&MCグッズ
      - 2 〇×&YES・NOカード
      - 3 ビンゴ&かるた
      - 4 カウントダウンカレンダー
      - 5 メダル
      - 6 賞状
      - 7 フォトフレーム
      - 8 メッセージカード
    - mono
    - word color
    - word mono

- カラー版のファイル名は末尾に「c」(Wordファイルの場合は「wc」)が付いています。
- モノクロ版のファイル名は末尾に「m」(Wordファイルの場合は「wm」)が付いています。
- B章とF章のフォルダ内の一部には、Word形式のデータも、また、E章にはGIF形式のデータも収録されています。

DVD-ROMの開き方

付属DVD-ROMから使いたいテンプレートと
GIFアニメーションを開く手順を簡単に説明します。
ここでは、Windows10を使った手順を紹介します。

※お使いのパソコンの動作環境によっては操作の流れや画面表示が異なる場合があります。
予めご了承ください。

〈 テンプレート 〉

例として、「B章　教室掲示物」の「2　時間割」内にある「時間割①」(P.16)のモノクロ版のテンプレートを見つけてみましょう。

B-2-001

① パソコンにDVD-ROMをセットする

DVD-ROMが起動すると、右図のような画面が表示されます。「フォルダーを開いてファイルを表示」をクリックした後、MATERIALフォルダをダブルクリックします。

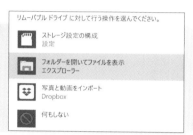

② 「章」のフォルダを開く

右図のように、各章(A〜F)のフォルダが表示されます。今回は使用するテンプレートが「B章」のフォルダの中にあるので、「B」を選択してダブルクリックします。

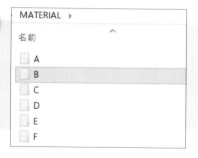

③ モノクロ版を選択する

B章のフォルダをダブルクリックすると、カラー(color)、白黒(mono)、ワードカラー(word color)、ワードモノクロ(word mono)のフォルダが表示されます。今回はテンプレートのモノクロ版なので、「mono」のフォルダをダブルクリックします。

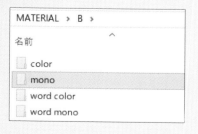

④ 項目のフォルダを開く

右図のように、B章の中の項目番号に対応したフォルダが表示されます。今回は「時間割」項目内にあるテンプレートなので、「2」をダブルクリックします。

⑤ 使いたいテンプレートを選ぶ

「2」のフォルダを開くと本書のP.16〜17のテンプレートデータが入っています。今回使用したいテンプレートのファイル名は「B-2-001m」と表示されるので、そのデータをフォルダ内から探し出しましょう。

《 GIFアニメーション 》

＊Windows10にインストールしたMicrosoft Office PowerPoint 2010を使用した手順です。

① PowerPointにGIFアニメーションを挿入する

メニューの「挿入」→「図」の順にクリックして、「図の挿入」からE章のGIFアニメーションフォルダ（gif）の中の使いたいものを選び、PowerPointに挿入します。

② 挿入したGIFアニメーションを動かす

①で挿入したGIFアニメーションの配置や大きさを調整し、メニューの「スライドショー」→「スライドショーの開始」グループから「最初から」または「現在のスライドから」などを選ぶと再生します。

データの活用法

ワープロソフトのMicrosoft Wordでテンプレートや素材を活用してみましょう。ここでは、Windows10にインストールしたMicrosoft Office Word 2010を使用した手順を紹介します。

※DVD-ROM内のデータを開く手順はP.92〜93をご覧ください。

★★★ テンプレートを活用する ★★★

ここでは、Word形式で時間割① （P.16）を作成する方法を簡単に解説します。

① 文字を入力する

変更したい部分の文字を選択して、文字を書き換えます。

② 文字をデザインする

上部にあるツールバーでフォントの種類とサイズを変更できます。カラーバージョンを利用するときは、文字の色も変えるとよいでしょう。

色を選んでクリック

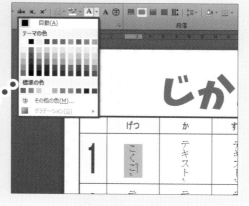

イラストカットを活用する

1 Wordにイラストを挿入する

メニューの「挿入」→「図」の順にクリックをして、「図の挿入」から使いたいイラストを選び、Wordに貼り付けます。

2 挿入したイラストを動かす

①で挿入したイラストはそのままでは行内に固定されていて動かせません。挿入したイラストの上で右クリックして出てくるメニューから「文字列の折り返し」を選びます。一番上の「行内」以外のものを選んでクリックすると、イラストを動かせるようになります。

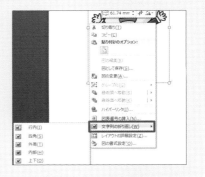

3 イラストと一緒に枠や文字を入れる

メニューの「挿入」→「図形」の順にクリックすると、様々な図形を出すことができます。例えば、「吹き出し」を選びドラッグすると、右図のように吹き出しのかたちのテキストボックスが出ますので、活用してください。

※枠や色を消したいときは、テキストボックスの枠上で右クリックをすると出る「図形の書式設定」から変更してください。

大好評！イクタケマコトの本
本書と合わせてご活用ください！

『カンタンかわいい 小学校テンプレート＆イラスト CD-ROM付 ──低・中・高学年すべて使える！』
（学陽書房）

イクタケマコトが教師時代に小学校の現場で実際に使っていたかわいくて温かみのあるイラストが満載。

『1年中使えてカンタン便利！小学校 学級経営 いろいろテンプレート DVD-ROM付』
（学陽書房）

学級経営をしていく中で活用頻度が高いテンプレートを厳選収録。そのままコピーできるページもあって使い勝手抜群！

GIFアニメも収録！
子どもがワクワク喜ぶ！小学校 教室グッズ＆テンプレート DVD-ROM付

2019年3月22日　初版発行
2021年4月19日　4刷発行

著　者　イクタケマコト
発行者　佐久間重嘉
発行所　学陽書房
　　　　〒102-0072　東京都千代田区飯田橋1-9-3
　　　　営業部　TEL 03-3261-1111　FAX 03-5211-3300
　　　　編集部　TEL 03-3261-1112
　　　　http://www.gakuyo.co.jp/

デザイン　佐藤明日香、鄭在仁（スタジオダンク）
印　刷　加藤文明社
製　本　東京美術紙工

©Makoto Ikutake 2019, Printed in Japan
ISBN978-4-313-65370-2 C0037
乱丁・落丁本は、送料小社負担にてお取替えいたします。
定価はカバーに表示してあります。

著者紹介

イクタケマコト

福岡県宮若市出身。教師生活を経てイラストレーターに転身。
教科書や教材のほか、広告などのイラストを手がける。
また、主夫として毎日の家事にも励んでいる。
現在、横浜市在住。

著書
『カンタンかわいい！　子どもがよろこぶ！　保育のイラストカード＆ポスター　CD-ROM付』（学陽書房）
『中学・高校イラストカット集1200』（学事出版）
『主夫3年生』（彩図社）
『まいにち哲学カレンダー』（学事出版）

制作実績
『たのしいせいかつ』『たのしいほけん』（大日本図書）
『ほけんイラストブック』（少年写真新聞社）他、
教科書教材多数。
共和レザー株式会社、国分グループ本社株式会社、
三井住友建設株式会社、東京都、神奈川県他、
広告イラスト多数。

HP　http://ikutake.wixsite.com/makoto-ikutake
mail　neikonn@yahoo.co.jp

DVD-ROMのご利用に際して

ご利用の際は、P.89～91の「DVD-ROMを使用する前に」をお読みいただき、内容にご同意いただいた上でご利用ください。

＊本書収録内容および付属DVD-ROMに収録されているデータ等の内容は、著作権法上、その一部または全部を、無断で複製・コピー、第三者への譲渡、インターネットなどで頒布すること、無断で商業目的に使用することはできません。

ただし、図書館およびそれに準ずる施設での閲覧・館外貸し出しは可能です。その場合も、上記利用条件の範囲内での利用となります。

免責事項
本書及び付属DVD-ROMのご使用によって生じたトラブル・損害・被害等のいかなる結果にも、学陽書房およびイクタケマコトは一切の責任を負いません。